毎日を快適に過ごしましょう

―早起きと整理整頓で時間を有効に―

塩澤道子 著

善本社

子供が幼少時お正月恒例の家族写真

平成15年5月。最後の夫婦写真。飯田市伊那の分教会で

推薦の言葉

「時間の達人」の本

「物事は忙しい人に頼みなさい」という言葉があります。つまり「忙しいひとほど時間の使い方が上手」ということのようです。

茶道で重んじられる「和敬静寂」と言う精神は主客がもっぱらとすべき心のあり方を表す言葉です。お茶の世界の時間はお客様にあるのです。

塩澤さんは三十年にわたって茶道をたしなんでおられます。それはお忙しいご日常とは相対するものかもしれません。しかし、お忙しいご日常があればこそ思いやり溢れた茶道のゆったりした時の流れを大切にされるのだと思います。忙中有閑。それは塩澤さんにとって日常生活の句読点なのかもしれません。時間の達人とは、時間という目に見えない空間の整理整頓の達人のことなのでしょう。

このたび塩澤さんが整理整頓の本を上梓されました。ページを繰るのがとても楽しみな本だと思います。

表千家不白流直門

今　井　宗　邦

平成二十年二月

目次

はじめに

人間の一生は神様によって決められていると思う。しかし同時に自分のふだんの心がけも大切。どんな生き方がよいか悪いかは、その人の価値観である。私の考え方が正しくて、ひとさまの考え方が間違っていると言うつもりでこの本を書いたわけではない。

同じ生活をするなら、新しい家具や高価な品物を並べて心が豊かになると考えるのではなく、古い家、古い家具でも並べ方や使い方でものを大切にし、豊かな心を養い、整理整頓することによって身の回りをすっきりさせ、時間の余裕を生み出し、快適に生活したいとの思いから、ひとさまにも参考になればと考えて拙文を綴ったものである。

今は亡き夫、好一《よしいち》さんと結婚して四十三年、ともに両親が無から立ち上げた会社をなんとか協力して守っていかなくてはと思い、また家庭生活をいかに快適にできるかを考えた。

社長の妻、教会後継者の妻としても、世間に通用する人間になりたい。そんな思いで、常に人々の話題のなかで聞いたり、あるいは本や新聞で読んだり、ひとさまの家庭に伺った折などに、勉強になることはすべてメモし、、頭の中にしまいこむようにする。夫や子供たちに読んでほしいと思う記事は切り抜いて渡す。時間の余裕は整理整頓から生まれるというのが持論である。

だれよりも早起きを

朝は家族のだれよりも、いっときでも早く起きよう。

古い考えと言われるかもしれないが、大切なことだと思う。里の母は明治生まれ。生前、母の寝ている姿を見たことはなかった。好一さんのお母様も同じ明治後半生まれ。朝、寝巻き姿を見たことはない。起きるとすぐ手早く着替え、髪をとかし、お父様が出勤の時間になると、洋服の着替えを手伝う。少し早く起きることで、その日の始まりにも心の余裕を持てる。

私も結婚以来、両方の母を見習って、皆より一足早く起き、体のケアをし、植木にごあいさつ。「おはよう、きれいに花を咲かせてくれてありがとう」。朝のおつとめの準備をして食事を作り、靴を磨き、玄関でお母様とともにお父様と好一さんを「今日も一日元気で」の祈りを込めて送り出したものであった。

いまは長男のお嫁さんも、靴を磨き「行ってらっしゃい」と、同じことをしている。微笑ましい限りである。しかし一般にはどうかしら。寝巻き姿で平気で朝食の準備をする人も多いのでは？

おやさま（天理教教祖中山みき様）のお言葉に「朝、人から起こされるのと、人を起こすのとでは、大きく徳、不徳にわかれるで…」。

身ぎれいに、朝食は心こめて

いつも身ぎれいに、朝食は金。家族のため、自分のために心をこめて作ろう。

今は亡き里の母は、私の知る限り髪の乱れた姿を他人に見せたことはなかった。晩年（八十五歳出直し）になっても、薄く口紅をさし、おしゃれしていた。五人の子育てに追われる私が里に帰ると、玄関に出迎えた母から「道子さん、口紅をもっと明るくつけておしゃれを心がけてね。パパちゃんのためにも」と言われたことが昨日のように思い出される。

好一さんに先立たれてから「もうおしゃれする気もなくなったわ」と言う私

に、長男のお嫁さんから「お母様、今まで通りにおしゃれしてくだいね！」と言われ、改めて身だしなみに気をつけている。

また里の母は外でご馳走になると、珍しいお料理は必ずメモをして、後日私たちに作ってくれた。服部栄養専門学校の服部先生は「食という字は人が良くなると書く」と言われる。食事の大事さが身にしみて感じられる言葉だ。

外で働く人は、昼食は食事処かお弁当で済ませる。仕事しながらの食事ということもあるようだ。主婦もお昼を一人で手早く済ますことが多い。その分、やはり朝食をしっかりいただくことは、精神的にも安定するもとだ。夕食はあまり重くない方がよいと思う野菜や果物を中心に、お味噌汁には煮干をミキサーにかけたものでだしをとる。味噌の大豆は頭の働きをよくするとか。

洋食の場合。パン一切れ〜二切れをトーストにし、自家製のジャムやハチミツを塗ったり、フレンチトーストに。ココアか紅茶、サラダ、ベーコン、ヨーグルト、果物を添える。

和食ならご飯一杯、具だくさんのお味噌汁、納豆、あればお魚、のり、漬物、果物、ヨーグルト、タマネギスライスは血液さらさらによいといわれる。できるだけ食べたいものだ。同時に、どんな食物も心から感謝し、喜んで食べることが第一だと思う。

先にも書いたように好一さんのご両親は早起きだった。朝、必ず梅干にお茶をいただいてから朝食を摂られた。お二人で仲良く語らいながらお茶しておら

心をこめて食事を作る

れたこと、私の長男が生まれたときには、座布団に赤子を寝かして、二人で顔をのぞきながら大切に見守ってくださった姿が懐かしく思い出される。

私も食の大切さを考え、横浜まで中華や和食の料理を習いに通ったものである。ご両親も好一さんもおいしい、おいしい、と言いながら召し上がってくださった。いまでも感謝している。

食事が終わったら、食卓の上のものは全部それぞれに仕舞う。食卓の上に何も置いていないと部屋もすっきり見える。

朝の掃除は時間を決めて手早く

お掃除は心の掃除。毎日すれば掃除は簡単。時間を決めて朝のうち、ひととおりのお掃除を手早く済ませよう。

結婚して間もないころ、題名は定かでないが「ドイツ人の家庭管理学」というような本を好一さんに勧められて読んだ。さすがドイツ人。これが目からうろこが落ちるということかと感じ入った。そのなかで、朝の片付け掃除は時間を決めて、手早く終わらせてしまう。例えば九時から十時までに。残りの時間はボランティアをはじめ、いろいろできるというようなことが書いてあった。

朝だらだらしていると、午前中はあっという間に過ぎてしまう。ましてテレビを見ながらの掃除はだめ。手が止まってしまう。まだしもラジオを聴きながらの方がよい。勉強になることも多いし・・・。また来客でもあったら、一日心の掃除もしな

3、4日ごとにハタキをかけ、ハタキは時々洗う

いで終わることになる。私の場合、どんなに早く出かける用があっても、必ず簡単でも片付けと掃除はしてから外出することにしている。とにかく毎日することが大事。そうすれば時間は短くてすむ。

わが町会の会長さんは、毎朝町内をお掃除なさっている。「ご苦労様です」と声をかけると「ありがとうございます。町がきれいだと犯罪も少なくなるのではと思って」と、にこにこお答えになる。私も家の周りを掃くよう心がけているが、最近は朝、掃除道具を持って歩いている人の姿もよく見かける。でもいくらお掃除をしても、整理整頓ができていないとすっきり見えない。

植木の手入れも同じ。植木鉢に植えられたお花、木など枯れたらすぐ片付けて鉢は必要な分だけ重ね一カ所にまとめて取っておく。不用なのは処分する。あとでしようと思わないこと。花や植木の並べ方ひとつで庭もすっきりする。

おやさまのお言葉。「もう少し、もう少しと働いたうえに働くのは欲ではなく真実の働きやで」。

ある記事のなかで、倒産寸前の会社の社長が自らトイレを掃除したり、社内を清潔に心がけたりしているうちに、社員の心が一つになり、とうとう会社を再建できたとあった。それを読んで、お掃除は心の掃除と実感した。

おやさまのお言葉。「陰でよく働き人を褒めるのは正直。聞いて行わないのはその身がうそになるで」。

玄関、トイレはいわば家の顔

永年お付き合いしている方から「うちのお姑さんは朝起きると同時にトイレ掃除してから仕事（酒屋さん）にかかった」と伺った。一日の始まりがトイレ掃除。「今日も一日使わせていただくために心をこめてきれいにしましょう」。

昔、赤ちゃんが授かったときにトイレ掃除をすると、器量良しの子が生まれると聞いたことがある。トイレにはときにお香をたいたり、小花を活けたりしたいものだ。

私はトイレを使わせていただいたとき、必ずトイレットペーパーで便器をふき、周りを見てスリッパをそろえ、後で使う人が気持ちよくさわやかにご用をたせるように心がけている。インターチェンジのトイレや新幹線のトイレでも同じこと。使わせていただいたことに、また神様のお計らいで無事にご用ができたことに、ありがとうございましたといつもお礼を申し

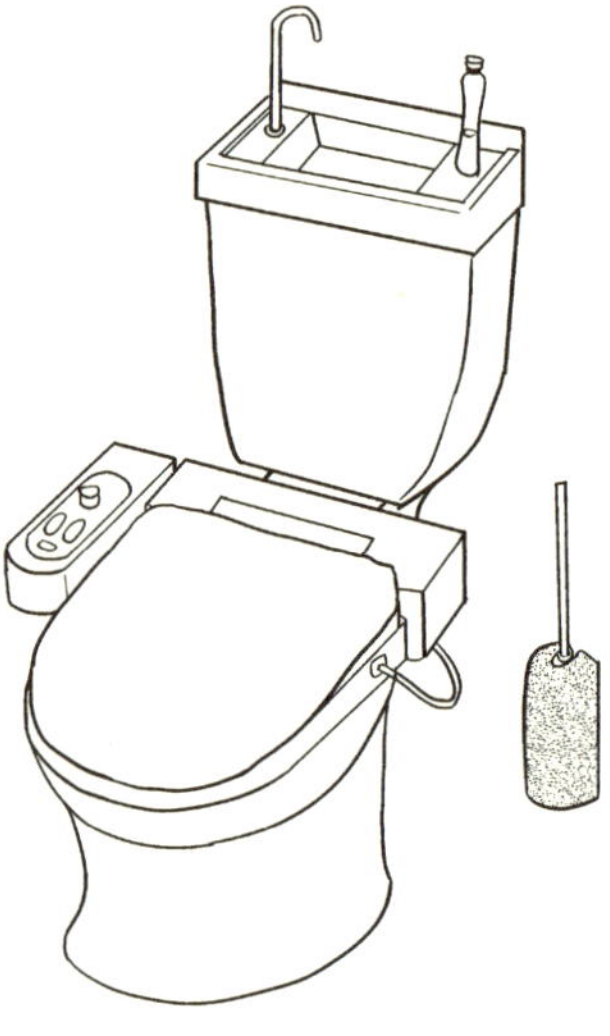

トイレは清潔に、オーデコロンやお香のかおりを

上げている。

民生委員をさせていただいたころ、あるお宅へ伺った。冬は玄関の中で待つ間、足元に小型のストーブをつけてくださる。足元が暖かく、心遣いにホッとしたことを思い出す。夏には「お暑いのに」と、そっと小さな扇風機をかけてくださる。何気ないしぐさに奥様の心遣いの細やかさを勉強させていただいたものである。下足箱の上には折々の飾り物、可憐な小花を活ける。履物はきちんとそろえておく。どうせまた履くのだからと玄関に置きっぱなしはいただけない。いつも履くわけでないものは下足箱の上段に、履かなくなった靴は処分する。必要ないものは置かないようにしたい。

使っている履物だけを靴箱へ

お留守番を任せている置物のかわいいワンチャン

別のお宅では、同じマンションで間取りや玄関の広さも同じなのに、なぜと思うことが度々だった。玄関が物置かと思うお宅、靴で足の踏み場のないお宅。これではまるで家の顔も、そこに住む人の顔も薄汚れて見えかねない。

一方で、気持ちよく片付いた玄関にかわいらしい椅子がちょこんと置いてある。「少々お待ちください。お椅子にどうぞ」そうおっしゃる奥様もとてもすてきな方だった。

お風呂も同様だ。ある時期、結婚した三男夫妻が同居していた。お嫁さんが入浴した後、次に私が入った。手桶、洗面器、椅子がばらばらに置き放しになっている。次の日「後から入る人が気持ちよく入浴できるよう、後片付けをきちんとするように、また使わせていただけたお礼の心で入るように」と注意しておいた。それに比べて長男のお嫁さんの後に入るのは気持ちがよい。

人それぞれの性格によるから、というのではなく、だれもがこうした心がけを持っていただきたい。それは自宅だけでなく、どこでお風呂をいただいても同じように心がけたい。

引き出し・戸棚を上手に整理

洗面所の整理整頓も忘れてはならない。洗面台の下の戸棚に所狭しといろんな洗剤がたくさん入っている。同じ系統の洗剤が何種類も。

そんなに必要だろうか？　メーカーの宣伝に惑わされずに、五、六種類あればよい。

洗面台の下の戸棚は洗剤の種類を少なく

台所用の洗剤と漂白剤、液体クレンザー、洗濯用洗剤、化粧石鹸、洗濯石鹸。これらで掃除するとき、歯ブラシ、金だわし、スポンジなどを使い分けて丁寧にこすっていく。

洗面台の横の引き出しにタオルを入れておくとき、洗濯済みのをたたんで縦にして奥の方に入れ、手前から使っていくとよい。

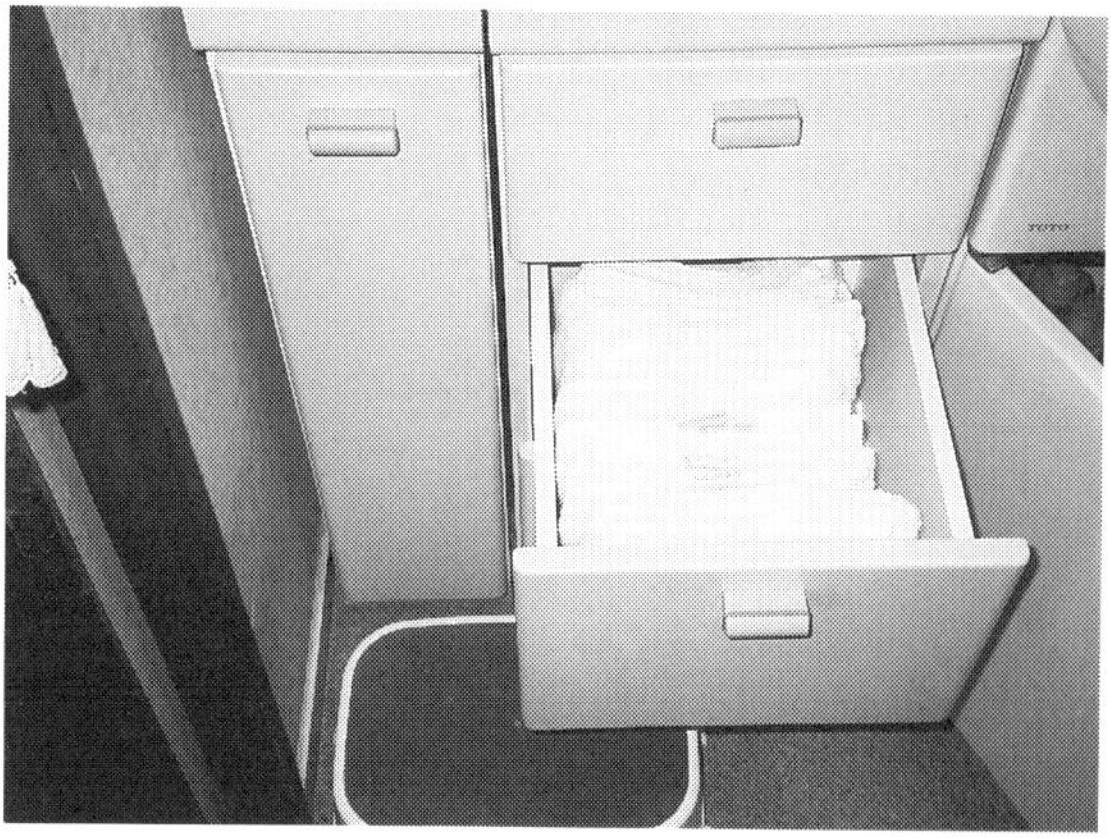

洗濯済みタオルを奥にしまい前から順に使うと全体に使える

居間やキッチンにある戸棚の引き出しに電化製品や台所用品の領収書や保証書が突っ込んでしまってはいませんか？

製品が故障したり作動がおかしくなったりしたとき、無料修理してもらえる期間内かどうか、買った店やメーカーの連絡先などを調べる必要がある。そのためには、引き出しや専用の箱にきちんと整理保管しておこう。電化製品の保証期間は普通一年が多いが、なかには三年・五年というのもある、保証書や領収書は、一見して書式・体裁が似通っていて、品番だけしか分からない場合もある。そのため、品名や購入時期を大きく目立つように自分で書き入れておくとよい。

もう一つ、もっと大事なのは、年金や保険類の関係書類の整理保管である。年金手帳や保険証書は、最重要書類で、火事や地震などの災害時には非常持ち出しできるところにしまい、家族全員が場所を確認できるようにしておくことが大事だ。年金や保険の納入領収書も最近は大きな問題になっているので、古い順に保管、整理しておきたい。お役所任せでは心もとない。

あるとき三男のお嫁さんが「お姉さんのところへ遊びに行ったとき、いつの間にかキッチンの片付けをしていました」と話してくれた。やっぱり整理ということが身についてきたのだとうれしかった。最近は、「お母さん、片付けを教えてください」と待っていてくれるし、神様を祭った自宅の神棚でおつとめを行う「講社祭」に行ってみると、すっきり片付いている。うるさい親で大変だと思うが、快適に生きられるようになったと、私の後姿を見ていてくれることを信じている。

永年いろいろなお手伝いの方に家事の仕事を助けていただいてきたが、ここ数年は、広い家を長男のお嫁さんと二人でがんばることにした。以前、大学へ通いながら何年かわが家のお手伝いをしてくれていた子が、実家に帰ったとき押入れをはじめ家中すべて片付けたそうだ。「どうしてうちはこんなに物が多くて片付いてないのよ！」と言いながらあちこちすっきり片付けたのだという。それを聞いた好一さんいわく、「整理整頓学という学問を身につけたということじゃないかな」。

次男も同じころ結婚、引越しをすることになった。お嫁さんは頭の良い子。引越し先の片付けを「お母様教えてください」と頼んできた。結局、私が家具の配置から戸棚やたんすの片付け・整理まで全部やることに。

彼女は若いのになかなかの着物持ちだから和だんすの整理が大変だ。喪服のようなふだん使わない着物は上の段、帯は帯入れの引き出しに。夏物・冬物、道行、羽織、雨コート類と、和服はいつでも着やすいようにしまっておくとよい。日本人なのだから和服はなるべく着てほしい。彼女もいまは東洋医学の勉強をしながら子供二人を育て、夫婦協力してよくやっている。お嫁さんのご両親のお導きだと思う。私の方にも勉強させられることが多い。

着物は出し入れしやすいように名前をつけ整理

洋服ダンスは掛ける洋服の間隔をあけてつるすと、型が崩れない　↓

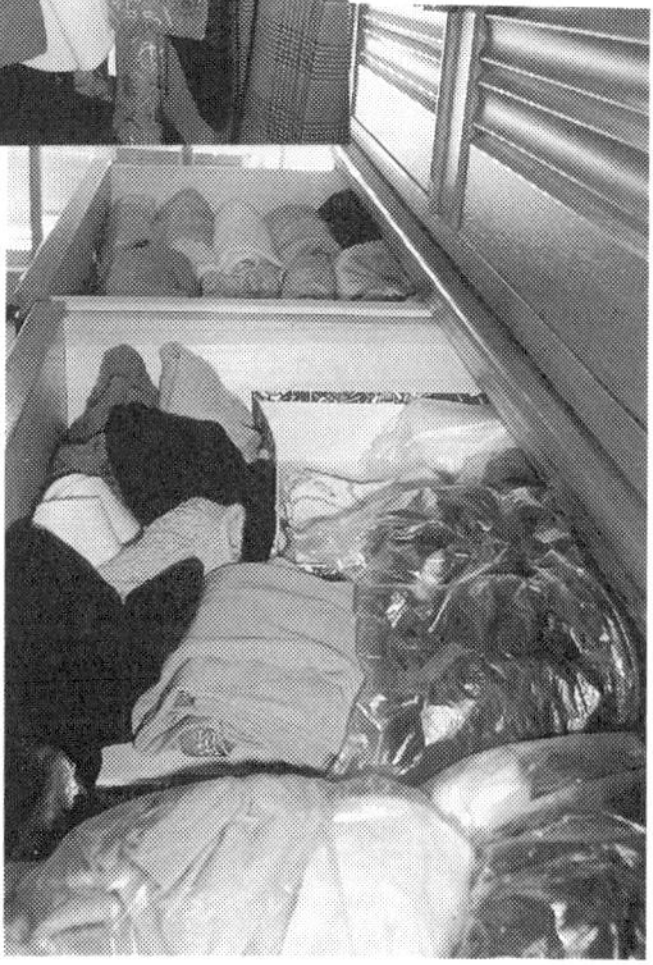

↑下着、靴下、ハンカチなど洗ったものから奥に。五組ずつぐらい持つとよい

月に一度は、ふだんできない掃除を

家の中が整理整頓されていると、ふだんのお掃除は楽だが、換気扇など年に一回しか掃除しないと、汚れがこびりついて落とすのに四苦八苦。一カ月か二カ月に一度こまめにやっておくと、暮れになってから楽になる。わが家の換気扇は、三男が二カ月か三カ月に一度、ぴかぴかに磨いてくれる。まだ無名の役者なので、生活に余裕がないのではと、そんな時、バイト代を出そうとすると、「これはお金は要りません。かわいい娘のために徳を積ませてください」との返事。私は感謝の気持ちを神様におささげする。

冷蔵庫の中に残り物がたくさん入っていないだろうか。月に一度は冷蔵庫の中のもので食事を作る日を決めている友人がいる。毎日の出し入れのときでも、汚れや汁などがついていたら、ちょっと拭き取っておく。野菜室の中も出し入れのときに拭いておき、曜日を決めて全部取り出してきれいにしておくのもよい心がけだ。

年に一度、十一月までに、たんすの中、食器棚、物置などを、掃除しておくと暮れにはゆっくりできる。

たんすの中はいつも整理されているだろうか。何でも入っていればいいというものではない。引き出しを閉めればはい終わり、というのではあまりいただけない。季節ごとに引き出しの中のものを全部出して内側を拭き、夏と冬の衣類の入れ替えをしよう。

食器棚も、夏はガラスの食器などを涼しげに並べ、冬は温かみのある食器を楽しんで出してみたらいかがでしょう。

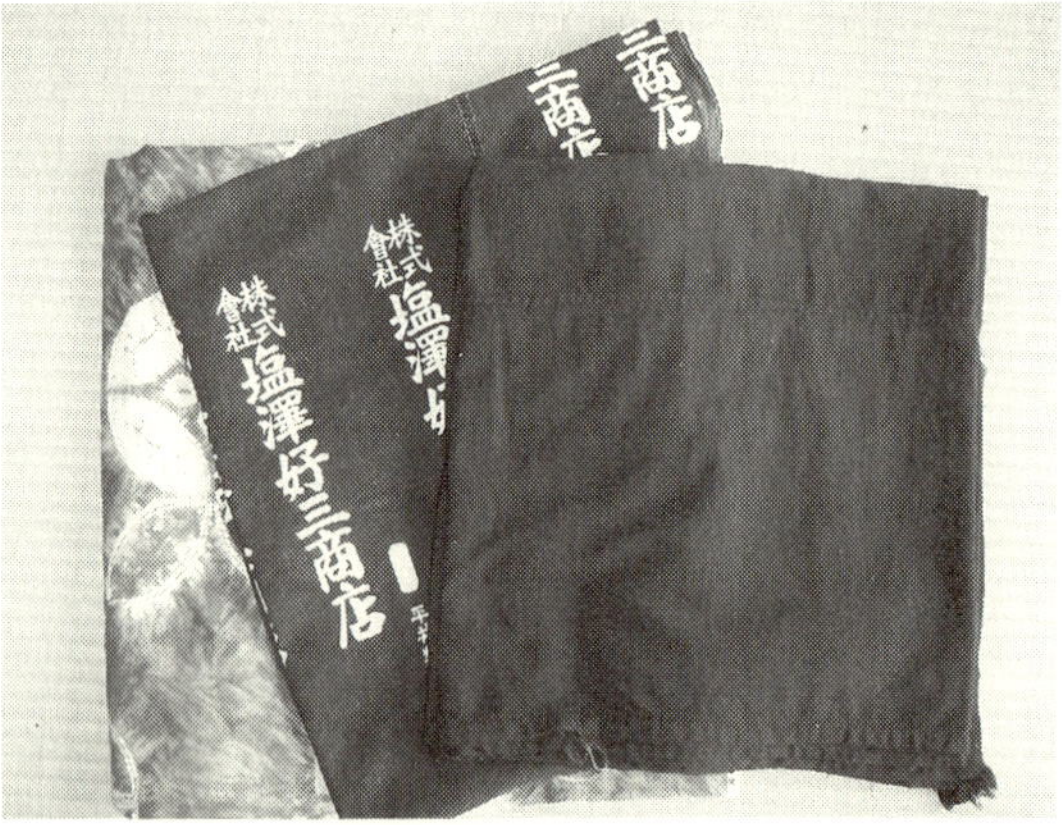

古い着物や厚司、布団皮で来客用布団を包む

書類の入っている引き出し、写真類は一年に一度は整理して、取っておくものと不要なものを区別して捨てる。

来客用の布団は布で包み収納。すぐ分かる

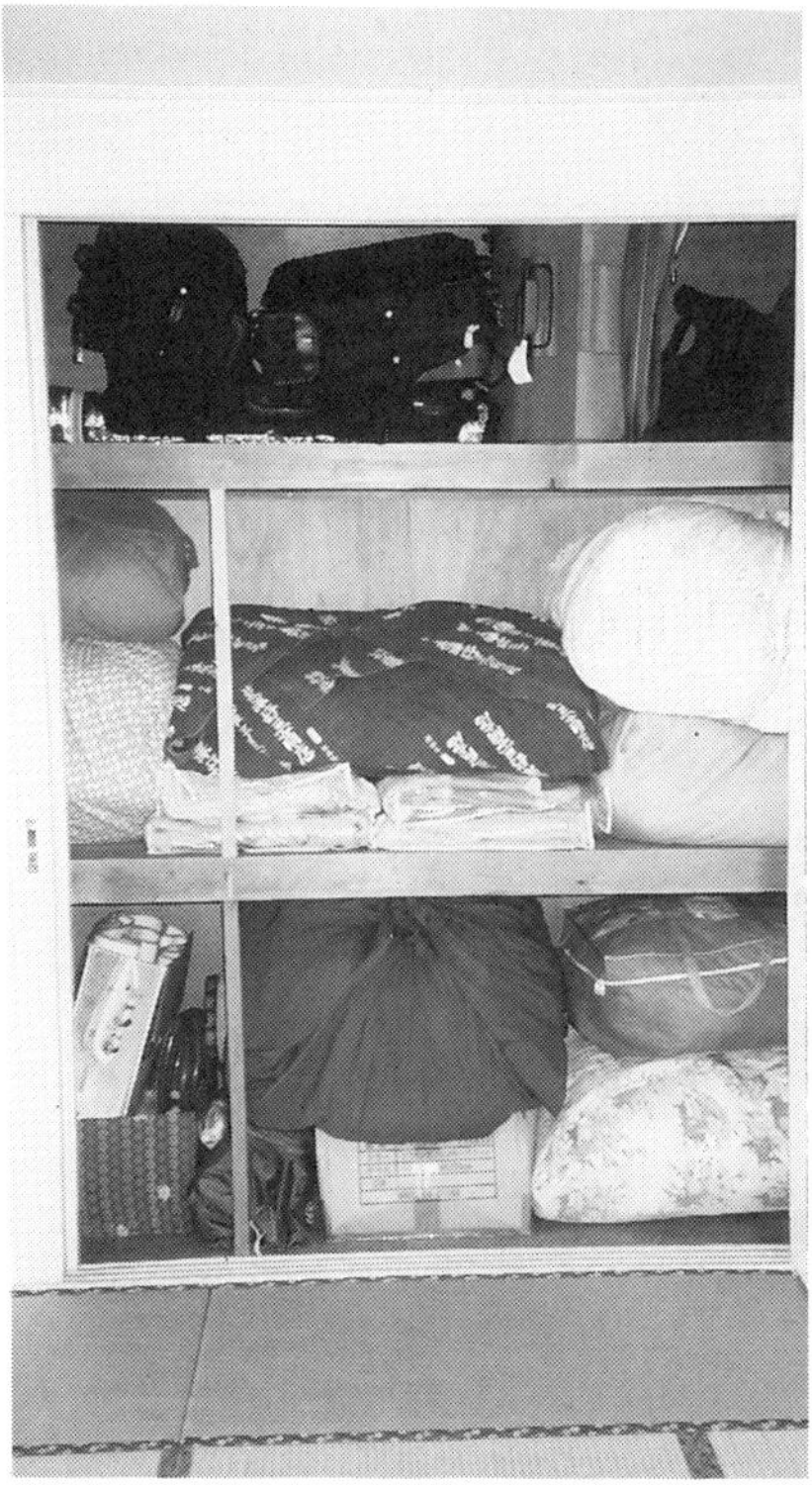

押し入れも中身を全部出して棚や壁を拭く。来客用の布団などを包んである大風呂敷は、古いカーテンや不要な布団の布切れなどを利用、縫い合わせて何枚も作って置き、年に一度は取り替えて洗う。

窓ガラスや敷居はボロ布を利用して拭き、後は捨てる。私の里では住み込みのお年寄りが、ボロ布を小さく切って食器の油汚れを拭いてから捨てている。水を汚さず、地球に優しくを実行している。

物を入れるところが多いと片付くと思いがちだが、実は外見は片付いているように見えるが、物をやたらに取ってあるだけであることが多い。わが家はこのほど新築することになった。最初に設計の方が物入れを多くとりましょう、と言われたが、私は逆に、少なくしてくださいとお願いしたので、驚いたような顔をなさった。しかしその理由をお話しすると、分かってくださった。

片付けるとは不要なものを捨てることなのだ。ある方の「捨てる」という本を読み、「その通りだ」と思ったが、再利用できるものはむだにせず役立てよう。

数年前、ダンボール三箱以上もあった結婚前からの写真の整理をした。二日間かかった。やるときは一気に！、年二回の会社関係の旅行で二十年余りとりためてあった写真は全員で写したもの一枚だけに。あとは、スナップ写真数枚。大きな段ボール箱いっぱいあった写真が、スクラップ式のアルバム一冊に収まってしまった。同じようなスナップは一、二枚でよいのではないか。旅行に行ってもあまり写さないことにしている。

たんすの引き出し、本箱の引き出しは、全部出してきれいに拭く。不要なものは捨てる。お風呂場の天井なども忘れずに洗剤でカビ退治を心がけよう。

不要なものはバザーなどに

衣類の入れ替えをしてみると、着るものはだいたい決まっているように思う。おしゃれは大切。新しいデザインや流行色のものを買って着るのもよい。しかしちょっと待って！古い洋服でも流行色のスカーフをあしらったり、丈をつめてリフォームしたりして着てみたらいかが。倹約してもおしゃれはできる。

去年一度も袖を通さないでしまい込んである洋服。ひとに差し上げて着ていただく。あるいはバザーに出すのもよい。むだな手持ちはできるだけ少なくしたい。物を買うときはよく考え、余分なものは買わない。

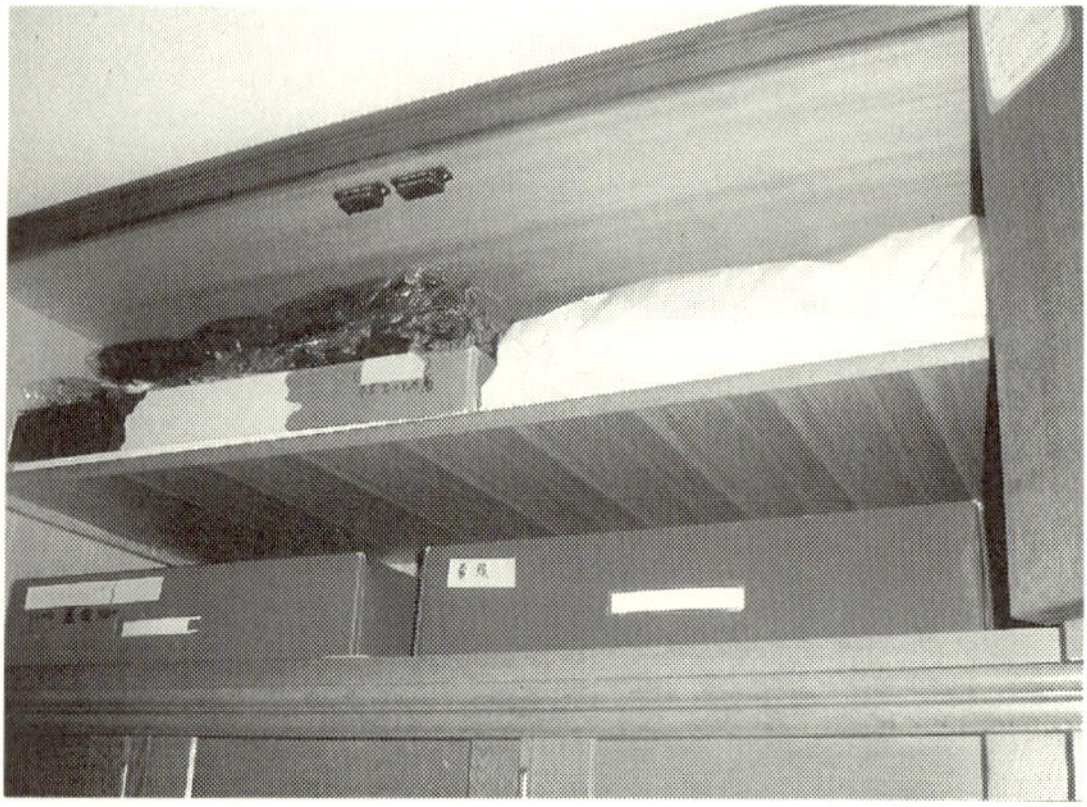

今着ていないがまた使いそうな洋服は上置きだんすに収納

私の場合、二十数年前にオーダーした品物の良いツーピースがあったが、何年も着て飽きてしまった。しばらくしまっておこうと、箱に入れ、品物の名前を書き、高い棚の上に。数年たって着てみたら、「あらこんなに似合うじゃない」と気分が変わって改めて愛用している。

和服などは、若い人に差し上げようとしても着ないので、友人や着物愛好家の人に、帯、帯揚げ、帯締めやじゅばん、ぞうりなどと一揃いにして差し上げる。

捨てないでリフォーム

古いけど上等なフェイラーのバスタオル、端が切れてきてどうしよう。そうだ・・・

結婚二十五年の誕生日に好一さんからプレゼントされたウサギのぬいぐるみ、次女から好一さんへの誕生日プレゼントのサルのぬいぐるみ、三男が小学五年生のとき少ないお小遣いで買ったおでぶさんのウサギのぬいぐるみ。時々クリーニングに出していたが、これにエプロンを作ってあげよう。一時間余りで出来上がった。縫い目をよく見るとアラがでてしまうが、なんとかすてきな感じに仕上がったので、三匹ともいまもリビングの座り心地のいいチェアに納まっている。

古タオルで作ったエプロン姿のぬいぐるみたち

あるとき次女のマンションに行った折、スリッパが素敵なふた付きのかごに入っていた。以前からスリッパ立てのことを考えていたが、スリッパは普通のスリッパ立てにかけておくと、ほこりをかぶってしまう。そうだ、好一さんが海外旅行で買ってきたアンティークなトランクがあった。えんじ色の皮製で、しっかりしていて、座ることさえできそうな良いものだった。長男も欲しがっていたが、鍵がないし長男はかばん屋ができそうなぐらいたくさんのかばん持ちなので、ダメ、ととってあった。これにフェイラーのスリッパを六足入れてみた。時々風を通す。面白い発想だな、と自画自賛。物を買わずに手持ちの物をどう生かして使うか、利用するかを工夫するのも整理整頓の術である。

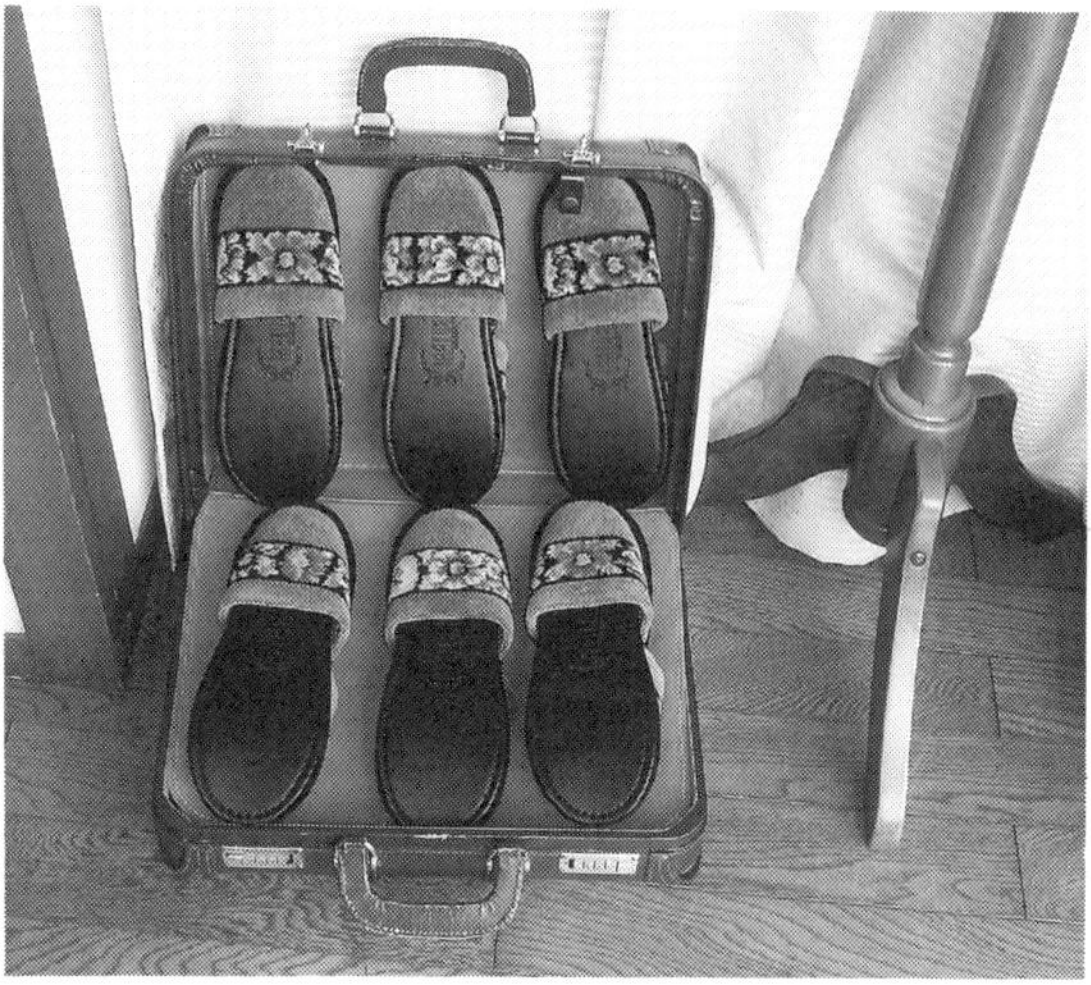

革製のトランクを利用したスリッパ入れ

いま私が愛用しているロングスカートは、もともと十六年前に作った幅広のパンタロンだった。おでぶさんなので内側が擦り切れてしまってどうしようかと考えた。生地は上等なのでもったいないと、いつもお願いしているリフォーム上手な親戚の姉に頼み、ロングスカートに変身。外出に普段着にと、惜しげもなく愛用している。

また、以前に作った白のスカートが、なんとなくすっきりしないので紅茶で染めてブラウスを作ってみた。しかしやっぱり着る気にならない。あるとき、長男のお嫁さんが来ているTシャツの首回りにかわいいレースがついていた。「あら、これいいわね」と、同系のレースを買って、ちょっとおしゃれなブラウスが出来上がり。図のように、スカートから作ったので、縫い目が気になっており、二本のレースをつけたのである。

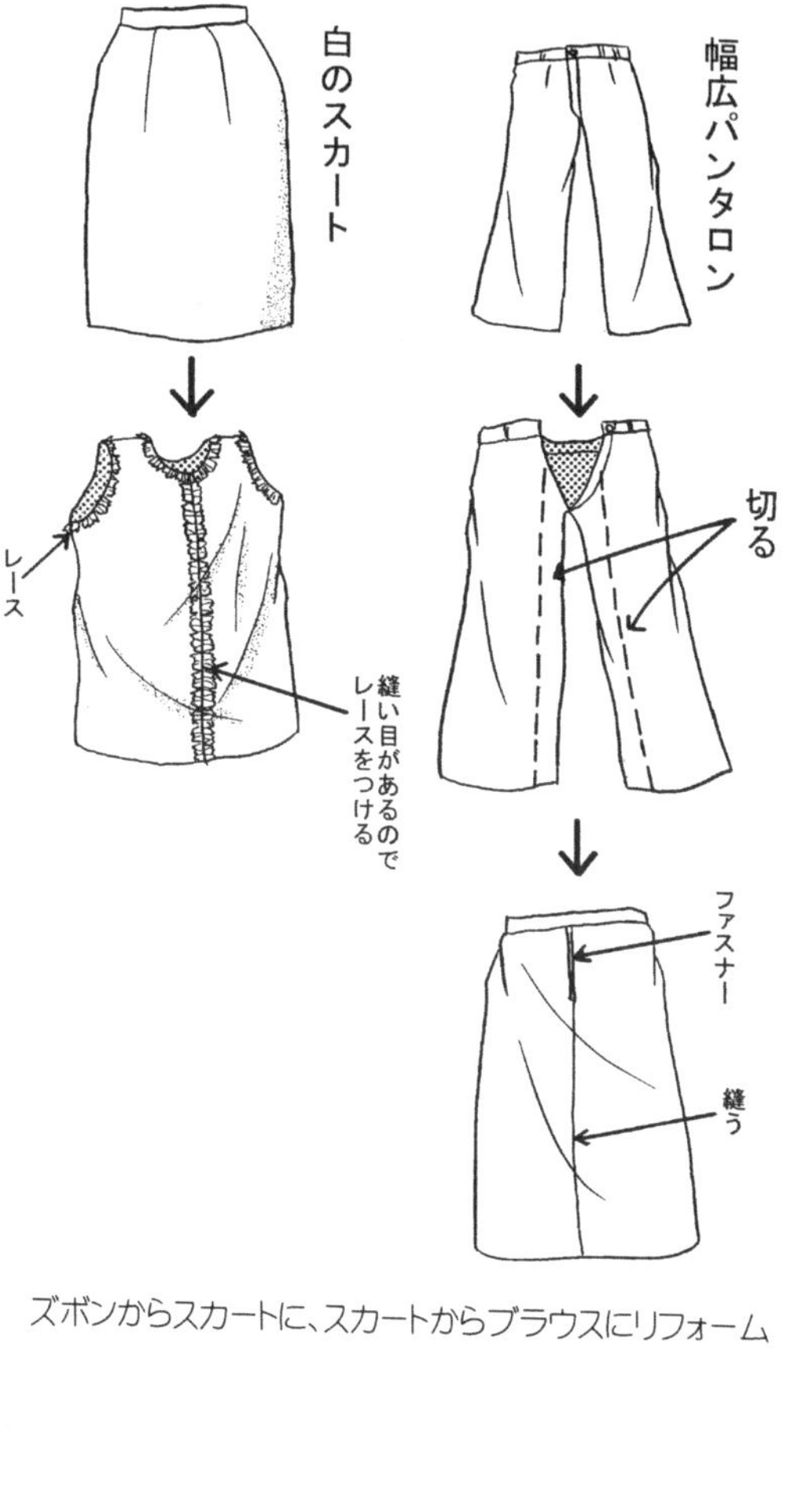

ズボンからスカートに、スカートからブラウスにリフォーム

食べ物についても、おやさまのお言葉のなかで「菜の葉一枚でもそまつにせぬよう」と聞かせていただいている。米粒一つにも菜の葉一枚にも作る人の心がこもっている。無駄にしないよう心がけたい。

調理用品でも工夫次第で手間を省ける。お鍋を使うとき、ゆで物、煮物、最後にお味噌汁か澄まし汁、という順序ですると、お鍋一つで済んでしまう。フライパンの代わりに、ホットプレートを使い、餃子、ハンバーグ、フレンチトースト、焼きそばなどが一度にでき、経済的だ。食卓で料理しながらだと、餃子パーティーやハンバーグパーティーが皆で楽しめる。各自お皿にハンバーグ、焼きそば、餃子などを好きにとって食べられる。大きいお皿にレタス、トマト、温キャベツ等を盛り合わせて食卓に置く。お鍋や食器も少なくて済むというわけだ。

時々、わが家のビルの前に、不要になった家具、トランク、食器、靴、衣類、シーツ、布団などを出しておき、「ご自由にお持ちください。衣類などは洗ってあります」と書いておく。早ければ数時間、遅くも一週間たつと、全部なくなっている。どなたでも喜んで使ってくだされば、うれしい限り。そのほかにもバザーに出したり、ちょうど欲しい方がいれば差し上げたりしている。

食器の使い方や洋服の着方を考えると、あまりたくさんの品数は必要ない。体は一つしかないのだから。

部屋になるべく物を置かずすっきり

部屋に余計なものを置かないようにすると、見た目もすっきり、お掃除も楽々になる。床に物を置くと、お掃除の度にどかしたり寄せたりしなければならず、手間が大変。動かさずに周りを丸くお掃除するのもすっきりしない。たんすの上にも箱など物を置かない。

壁にはなるべく額を掛けたり、写真、タペストリー、ドライフラワーなどを飾ったりするのがよい。ドライフラワーは、子供たちや友人から記念にいただいたきれいなお花を思い出にもう少し残しておこうと、ドライにしてお花に合った色のリボンで結びあちこちの壁に飾る。額なども飾るときの高さを考え、ちょっとした気遣いで部屋が広く感じられるものだ。カレンダーはあまりたくさん掛けるとうっとうしい。

部屋にはできるだけ不必要なものは置かない

長い廊下を利用した本棚がずらり。本棚は再利用したもの

民生委員のころ、ある絵描きさんのお宅に伺った。公営アパートだったが、玄関に入ってみると、スリッパが壁の下の方に並べてある。薄い板を横に張り、その中にスリッパを入れてある。見た目にすっきりして、第一お掃除のときに楽だろうと感じた。勉強になった。

椅子の足には裏にフェルトを張るとよい。動かすとき床に傷をつけず、お掃除のしやすさも利点だ。

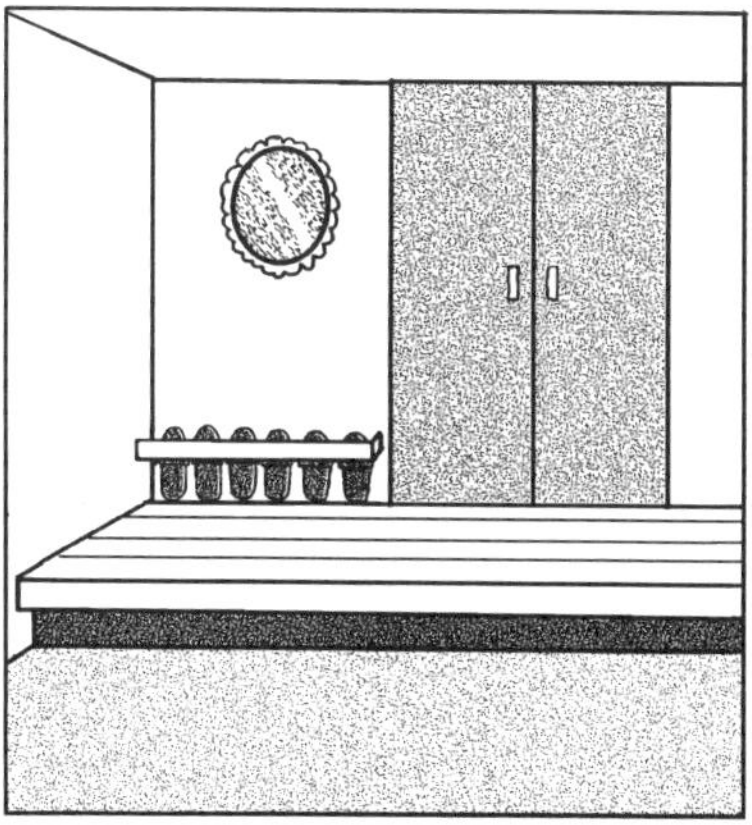

お掃除しやすいよう壁にスリッパ掛け

気になるのはくずかごだ。くず入れは部屋のあちこちには必要ない。最近、駅などでもくずかごがない。なければごみは持ち帰る。同じく、家にも一、二カ所あればよい。ほかの部屋のごみはそこまで捨てにくればよい。部屋ごとにくずかごを置くのは、見た目にもすっきりしない。特に客間には置かない。

わが家の次女は小学六年の女の子の母親で、とても面白い子だ。明るく思いやりがある。ただ、片付けに関しては落第だ。彼女いわく。「片付けなければと思うとノイローゼになってしまいそう」。でも長男のお嫁さんに言わせると、「お母様の娘さんですから片付いていますよ」だそうだ。

次女からは時々SOSがかかってくる。私の方も忙しく疲れてはいるがかわいい娘のこと。重い足を引きずりながら駆けつける。教えながら棚や針箱などなど、片付けていく。「へえー、こんなにきれいになるんだ」と娘。「ではこれはどこに置くの？」と問いかけてみる。「とりあえずここに」「とりあえずはダメ！」こんな会話をしながら片付けていくと重い足もどこへやら。帰りの電車の中では自分自身が快適な気分になっているのに気づく。

娘はお世辞もあってか「お母さんは片付けのプロね」。プロではないが、要らない物は捨て、必要な物はいつも使うかどうか考え、用途に合った場所に系統立って並べておく。それだけである。**「後で片付けよう」「とりあえずここに」「もったいないからとって置く」**・・・いずれも禁句である。

額や掛軸は四季折々に取り替えて

日本はすばらしい四季に恵まれている。四季折々に額や掛け軸、カーテンなどを取り替えると心新たに楽しい気分になれる。だのに、年中同じ絵や掛軸が掛けてある。それではせっかくのすばらしいアートも、心を癒してくれるとは感じなくなる。

お正月には四十五年前結婚祝いにいただいた二羽の鶴の掛軸に替える。一月いっぱいは、沖縄で買った琉球染めのサンゴの絵布をすてきな額に入れて楽しむ。玄関にはその年の干支の絵。これは好一さんの弟のお嫁さんのお父様の作品だ。九十二歳でまだまだお元気。日本画で四季折々の絵も描いて下さるので、額に入れ替えて目を楽しませている。

わが家の三男のお嫁さんのお母様は、どこへ出かけてもスケッチブックにその季節季節の優しい絵を描いてくださる。白木の小さな額に飾って、掛け替える。心優しい穏やかな人柄がにじみ出たすばらしい絵である。

また今は亡き親戚のおじ様、須山計一先生の絵で、雪景色、天竜下りの夏の風景、湖面にゆったりと舟が浮かんでいる絵。やはりいずれも人柄がよく表れた作品である。

聞くところでは、最近は価値がかなり上がっているそうだ。

92歳、なおお元気で描いてくださる四季の絵。「菊に雀」

大好きな平山郁夫先生の額も一年に一度はリビングに掛けて楽しむ。好一さんが元気なころ、先生の奥様の平山美智子さんの絵を見に行った。本も一緒に読む。内容の濃い勉強になる本だった。内助の功が感じられ、尊敬すべき方だと思った。

長いお付き合いをしていた今は亡きオペラ歌手の長門三保さんとは、三十年余り前、好一さんと行ったサウナでお知り合いとなった。「あなたとは裸のお付き合いだから」とおっしゃって、親しくさせていただいた。「パリにて」という絵があり、懐かしく時々は掛け替えて、先生の舞台を思い出している。小柄な先生だったが、お一人で舞台狭しと感じるのは、やはり天才である。

家の中の決まった押し入れに掛軸、額、つぼ、置物などを収納する場所をつくり整理しておくと、出し入れが手際よくでき、おっくうにならない。

カーテンも夏用、冬用があるとよい。レースのカーテンは、年二回は洗う。しわになるので、洗ったらたたいてすぐカーテンレールに掛ける。ほつれは繕っておく。カーテンもきれいになったのをきちんと掛けると気持ちがよい。

ふだんの洗濯物でも、何でも一緒にしてがらがら回さない。物によって下洗いしたり、同種の物を分類して洗うようにして、洗い終わったらたたいてから干すとしわが伸び、着た時に気持ちいいし、長持ちする。ピンとしていると品物もよく見える。

ものだ。ちょっとの時間でできることであり、面倒がらずにやれば、これも整理整頓である。

長門三保さんからいただいた「パリにて」の絵

手早く掃除・片付けをして外出を

外出する予定のあるときは、手早くお掃除・片付けを済ませ、ゆとりをもって出かけよう。そうすれば帰ってからの気分もいいものだ。時間がないのに外出前になぜお掃除を？出かけるのなら少し早めに起きてサッサと掃除する。ふだん片付いて整理整頓されていれば、そんなに時間はかからない。簡単でも掃除は毎日。心の掃除にもなる。好一さんがいつもこう言っていたのを思い出す。

「旅館は女将で持つ。家庭も教会も奥さんが常に心がけていると家は片付いている」と。

私どもの家は教会であると同時に社長宅でもある。「教会にお参りすると、本当に心が洗われる気がする。きれいに片付いていて」と言ってくださる方がおられる。やはりすっきりした所ではすっきりした気分になる。ゴミ捨て場も必要であろう。しかし、神様のお住まいであるわが家庭は、いつも片付けてお掃除しておかなくてはならない。外出中にも来客があり、何かのご用でひとさまが出入りなさることもあろう。片付いていれば気分もいいはず。自分たちも疲れて帰宅してもホッとするのではないか。

ある時乗ったタクシー。バックミラー越しに見ていた運転手さんが「奥様これからお仕事ですか」と聞いてきた。「私は天理教の布教師です」。すると運転手さん。「信仰信仰と皆さん朝早くから出歩きますが、第一は家庭のことではないですか。ご主人のことをきちんとしてから出て歩くのはいいですが、家の中はごたごた、食事も人任せ。ましてや子供やご主人はほったらかしで、神様ありがたや、では信仰の教えに背いてしまうのでは?」と。私も同感だったので、「信仰は自分の心作りのため、また神様へのご恩報じするため、そして天理教の教えは、第一が夫婦仲良く親孝行。陽気ぐらし見て、神もともに楽しみたいと人間をお創りくださったこと、親神様にお借りしている体です。家も子供もすべて神様からの借り物。感謝してお礼申し上げ、ご恩報じさせていただくのです」とお話しし、パンフレットを渡して、おつりをもらうのも忘れ、いい気分で車を降りた。

わが家、わがことは後回しでも、ひとさまのためにと教えられているが、ふだんから整理整頓してあると、外出の前に手早く掃除。来客用のお茶などをセットして、一言「ごゆっくりお茶でも召し上がってください」と書き置くこともできる。要は心がけの問題では、と思う。

本を読み、趣味を持とう

少しでも時間を見つけて本を読もう。趣味を持とう。そして人のためになることを考えよう。

里の親からいつも言われたことは、「本を読みなさい」だった。それも日本文学、西洋文学などと系統立てて読むように言われた。疎開から帰って、こんなこともあった。中学生時代に、美空ひばりのことが載っている「平凡」や「明星」という雑誌があった。今は里の教会に住み込んでいる幼馴染の友人が、当時「みち子ちゃん」と、そっとその本を渡してくれた。私は母に内緒でぱらぱらと見て返す。確かにいろいろな本を読んだが、そうした若いころに読んだ本は娯楽雑誌であっても思い出としてしっかり心に焼きついている。

結婚してからも、五人の子育てをしながら、お母様の理解もあり、いろいろな講座を聴きに行ったりした。学生気分を改めて味わい、充実した日々を送ることができた。

好一さんはよく褒めてくれた。私があることを勉強したいというと、心から喜んでくれる。好一さんが本を買ってくると、面白いから、勉強になるから、こんな考え方もあるから、と言って読むように勧めてくれた。私が新聞広告などで、読みたい本を見つけるとすぐに注文してくれ、好一さんも必ず読む。

せっかく読んだ本も時がたつと忘れてしまうので、末っ子が生まれて一年たった昭和四十八年から、読んだ本の内容や感想を何行かに書きとめてある。ぱらぱらと目を通してみると、ああこんな本も読んだと思い出す。これも少し時間をかけると同時に心がけでできることだ。整理整頓してあるので時間に余裕があり、たやすくできるものだ。

五十代から民生委員を十数年間させていただいた。しかし本来人助けは表に出さず、人知れずやるものと考えていたし、またいろいろと矛盾も感じたので、肩書きなしで人助けを続けたいと思い退任した。それでもこの間に経験したことは、心の中に宝物として残っている。

一番下の息子が幼稚園に入ったら、お茶の稽古がしたいと常々思っていた。晴れて三男が入園。歩いて三分ほどのところに尊敬できるお茶の先生がおられた。師を選ぶなら三年かけて探しなさいと聞いたことがある。週一度、着物を着てお茶を教わるお稽古が始まった。

ある日、お母様から「お稽古はしてもいいけれど、必ず家事をしっかりして、また一日働いてお帰りになるお父様や好一に食事が間に合わないようでは困ります。それならやめていただきます」と言われ私ははっとした。それは当然のこと。次からは前日に買い物をし、食事の献立を考え、手早くお掃除をして、すっきりした気持ちで出かけた。

従姉妹が海外生活することになった。アメリカの寒い地方で、ストーブに薪をくべ、暖をとった。その折、よく火がおきるようにとお茶で習ったお炭手前のやり方がとても役に立ったと話してくれた。

ある時は、文京区の護国寺で先生がお席主をなさることになった。お父様にお客様になっていただき、私たちはお稽古に励んだ。お父様は楽しそうに協力してくださった。初釜から始まり、利休忌、夏には絽の着物や浴衣を着ての氷だてなどなど、みな懐かしい思い出である。これもみな整理整頓がふだんからできていると、時間の余裕が生まれるということだと思う。

その先生も何回かおぢば帰りをご一緒させていただき、大病なされたときは、毎日おさづけに通わせていただいた。今八十歳を超えられても、お元気でお稽古なさって、時々参拝に見えられる。たくさんたくさん私を磨いてくださった大好きな先生である。

またお茶は、昔から生け花とともに、結婚前に必ず身につけなさいといわれている。お茶の立振舞や手順は、合理的に成り立っていて生活一

次女とお茶のお稽古に励む

般に通じることだと思う。

「お茶は服のよきように点て、炭は湯の沸くように置き、冬は暖かに、夏は涼しく、花は野にあるように生け、刻限は早めに、降らずとも雨の用意、来客に心せよ」・・・茶の湯の大成者千利休に、弟子が「茶とは何か」と尋ねた時、この七則がすべてであると答えたという。

茶道の根本とは、このようにおごらず、慎しやかに、自然体のまま、季節感を大切にした日本独自の生活文化であり「もてなし」と「しつらえ」の美学である。茶道入門の本にこのようなことが書いてあった。抜粋して記させていただいた。

四季の取り合わせを考えた茶道具

心に決めたら必ず実行を

好一さんは努力家だったし、物事をどんなことでも一生懸命続けた。「よく続くのね。すごいわ」と言うと「私は幼いころから母親に、物事が長続きしない子と言われ続けてきた。だから何でも続けなくてはと決めているんだ」と。大好きだった囲碁の腕前は五段。家にいるのが大好きで、囲碁の本を見ながらよく勉強していた。私も手ほどきをお願いしようと思っていたのだが・・・。

スキーは四十歳から始め、五人の子供たちを連れてお正月休みにはスキーを楽しんでいた。長男のお下がりのウエアを着て、子供のような顔付きで何回も

繰り返し滑って
きて、本を読み
ながら待ってい
る私に声をかけ
て、「もう一回
行って来るよ」
と軽やかに滑り
に向かう後姿に
感謝でいっぱいだった。

ありし日の好一さんが愛用した碁盤

結婚前から日記をつけていた私を見て好一さんも書き始めた。読みにくい字だが、四十三年間必ずつけていた。亡くなる三日前の日記に、「家族のささえ、家内が居なくては生きていられない」で終わっている。ページを開くと、ありし日を偲び、涙涙である。

好一さんはヘビースモーカーで、一日にピース缶入り一個を吸う。昭和四十一年、自宅を教会にするためのビル工事が始まった。その折に建築業者が工事途中で倒産するという大変なことに出合った。好一さんはショックでタバコが吸えなくなってしまった。それを機に思い切って禁煙した。しかし私はあえてパイプやライターなどの喫煙具はそのままにしておいた。なぜなら、好一さんの性格から、いつでも吸えるようにしておくことで、意地でもやめる！という気持ちになる、ということを私は知っていたからだ。

長男好久も、幼稚園から始めた剣道をいまなお続けており、六段を目標に頑張っている。好久のお嫁さんも書道を始めて数年になる。ひとさまに手ほどきをできるように続けてほしいと願っている。本人もそのつもりのようだ。

会社創業者である好一さんのご両親、塩澤好三さん夫妻は、何とか自分たちの店を持ちたいと奉公先から独立した。資金は二人で天引き貯金をして、本当につましく生活していたという。いよいよ独立というときに、好三さんの親、つまり好一さんの祖父が突然田舎から上京。もともと地元の資産家だった祖父が事情あって土地などの資産全部を借金のかたに取られてしまう危機にさらされているという。祖父は「すまないがお金を貸してもらえないか」と頭を下げてこられたのである。独立寸前にまで漕ぎつけた好三さん夫妻の貯金はちょうど二〇〇〇円あった。当時としては大金である。

好一さんの母方の祖父が、妻の病気で信仰の話を聞き、東京にぜひ教会をと布教のため上京し、新婚早々の好三さん夫妻の家に神様をお祭りしていかれた。そのとき、「親孝行が第一。朝夕おやかみ様にお礼を申し上げて生活するように」と言われたことを思い出し、両親は「どうぞお使いください」と、貯金全部を差し上げた。祖父は大変喜んで、東京には足を向けて寝られないと言いながら帰っていかれたという。

その後再び、両親は自分たちの店を持つために懸命に働き、ついに念願の独立を果たした。奉公先からはお得意先を一軒たりとも分けていただかず。紙を商う「シオザワ」という会社を創立したのである。そこに至るまでには、戦争、敗戦後の混乱、水害など、言うに言われぬご苦労をなさったことも、ポツリポツリとお母様は話してくださった。そうしたなかで、お母様は信仰にも励まれ、商売の手伝いの合間を見てはお助けに出掛けられた。その土台があって二代目を継いだ好一さん、その後の私たちがあることを忘れてはならない。

里の父も外交官を志して東京の大学を卒業。いよいよ自分の夢がかなうという直前になって、不運にも肋骨カリエスという病に倒れ、夢はあえなく消え去った。しかしここですばらしい天理の教えに出会い、三十年命をお貸しくださいとお願いし、東京での布教に携わった。そしていまの教会を設立したのである。どんなことにも一生懸命になさった好一さんのご両親と里の両親には、見習うことばかりである。

昔は前述のように、嫁入り前に必ずお茶とお花をたしなむ心得を持つように言われた。ただの趣味や暇つぶしのためというのではなく、家庭に入ってから主婦として、大切なことを学ぶ基礎になるからである。

私もお茶が大好きだ。五人目の子が幼稚園に入ってから本格的に習いに行くようになったが、ご両親や好一さんのこと、子供、家のこと、教会のことなどの忙しい合間に時間を作るのは大変だった。そんなこともあって片付けも上手に手早くできるようになったと思う。三十年近く続けさせていただいて正師範になり、今は孫に手ほどきができるようになった。

神様の教えを人々に知っていただく匂いがけやご恩報じも同様。一日に何件と予定して、いつもバッグにパンフレットを忍ばせ、すぐ出せるよう用意しておく。子供連れの方には、近寄ってパンフレットを渡しながら話しかける。「私も五人の子育てをしたのよ。子供は神さんからのお借りもの、お預かりものよ。たくさんの宝物を秘めているの。楽しんでお育てくださいね。お近くに教会があったらお参りくださいね」などと自分の反省もこめながら・・・。

また病人の方には、「病気になられたことは決して悪いことばかりではありません。神様からのメッセージなのです。良い方に考えると同時に、日ごろの自分の心のあり方を反省したりするチャンスでもあるのです。神様からお借りしたあなたの体です。どうか大切にし、お礼を申し上げて使わせていただくようになさってください。必ず神様がお守りくださいますから」と病人の方に適したパンフレットを差し上げる。

先日ラジオで、すばらしいお話を耳にした。ご自分の子供が幼稚園を終え小学校へ入学。保護者会に出たりしていたが、いろいろ矛盾を感じることがあり、友人たちとともに人のためになることに目を向け、ボランティアでの活動を考えた。ボランティアだから家庭を顧みない、というのではなく、家事や子育て、ご主人のことは朝食前にと、家族皆が心を揃えてなさっているという。

思わず拍手。決めたことは必ず実行するよう努力すれば習慣になるものだ。

時は金なり、一日一日を大切に

四十数年前結婚した折、好一さんのお母様に一番に言われた言葉は「時は金なり」。時間を大切に考え、一日一日を上手に使うと、一日二十四時間が三十時間にも使えるというようなことを教えていただいた。まだ二十二歳の若さだった私は「本当にそうだ」と感じ入ったものだ。お母様いわく。「時間をかけてきれいにすることはだれにでもできます。短い時間できれいにすることが大事です」。確かに一日あてもなくだらだら暮らしていては、人間として生まれてきてもったいないし、申し訳ない。

人間として生を受けたこと。それは、神様が陽気暮らしを見て、ともに楽しみたいとお考えになって人間をお創りくだされたからと聞かせていただいている。陽気暮らしとは、自分だけがお芝居を見て楽しみ、おいしいものを食べて楽しみ、よいものを着て楽しむのではない。悩んでいる人々、病んでいる人々も、親神様のご恩を知り、感謝し、皆が仲良く暮らさせていただけるよう毎日を過ごすということである。そのためには合理的に時間を使ってひとさまのために役立ち、ご恩報じのひとときを持つこと。まさに時は金（きん）なりである。同時に、賃金に換算すると、時間は金（かね）なりとなる。

現代は情報化時代である。だからといって、テレビばかり見ているとそちらに気をとられて、仕事の方はさっぱり進まない。だから情報はなるべくラジオから仕入れることにして、よいことはすぐにメモ、できることはすぐに実行する。一生勉強である。

人は人によって磨かれる。しかし向上心のない人は神様からいただいた能力も玉も磨かれないまま終わってしまう。もったいないことである。

私の場合、一日一回、朝のうちに掃除する。時間はあまりかからない。それでも十五分間、一週に一度は隅々まではたきをかけ、掃除機をかけて念入りに掃除する。

テレビは番組を選んで、見たい番組だけを見る。その時間もアイロンがけなどしながらで、時間を無駄にはしない。テレビ番組は一日中、画面をにぎわしているが、あまりそれに没頭してしまうと本を読むことから遠ざかり、物事をじっくり考える能力も失われてしまうのではないか。

ご恩報じに出させていただく折も、交通費のことや健康を考えて、できるだけ歩く。時間を考え、頭を使い、常に勉強する。時間を上手に使うことは、頭の回転を良くすることでもある。

朝目が覚めると、ベッドの中から、その日のスケジュールを頭の中で整理し、予定通り実行に移す。何度も言うが、せっかく神様から人間として生を受けることを許されたわけだから、一日一日を大切に、努力していきたいものだ。

朝夕、感謝とお礼を忘れずにお祈りを

朝起きて予定をチェックすると、さあ、今日も一日一つでもご恩報じができるようにと、ラジオを聴きながら体のケアをして、神様の前で心から感謝とお礼のごあいさつ。

「親神様、今日も五体満足の体をお貸しくだされ、ありがとうございます」

「おやさま。おやさまのお陰で私たちはこのすばらしい教えを聞かせていただくことができ、今日があります。ありがとうございます」

先祖代々の御霊（みたま）様、ご両親、第二代会長の好一さん、里の親、皆々

の御霊様に、今日の幸せを感謝しお礼を申し上げると同時に、会社のこと、教会にいらっしゃる方、教会のビルの中で仕事なさっておられる方たち、地域の人々、世の中のすべての人々の幸せを願って、感謝とお礼とお願いを神前にささげる。自分のことは感謝の心でお礼を申し上げ、お願いは自分以外のすべての人々についてである。医師である次男にも、病院で患者さんと接するとき、よく話を聞いてあげ、いつもお祈りすることを忘れずに、と言っている。

月に一度はわが教会の月次（つきなみ）祭があり、かつて好一さんとともに毎月通った信州にある上級の教会の月次祭もある。富士見にある会社の山荘に泊まり、二人して車で参拝したあるとき、好一さんは「僕が一緒に来られなくなったら道子さんはどうやって参拝に行ったらいいのかな」と、心配してくださった。いまは高速バスに乗って教会の近くの健康ランドに泊まる。ひとときを書き物したり、友人の子供さんとともに語らい、悩みを聞いたり、食事をするなど、好一さんからいただいた静かな時間を大切にしている。

また奈良県天理市にある天理教教会本部の月次祭のときは、以前は二十五日にグリーン車で行って京都に一泊し、翌二十六日立教の日に参拝していた。しかし今は先人のご苦労をしのび、夜行列車で行くことにしている。二十五日の夜、品川発「おぢば号」に乗る。寝ることはできないが、甘露台づとめをしっかり勤めさせていただき、好一さんのいない寂しさの中にも充実したときを持っている。

わが家の五人の子供たちと内孫二人は皆、家の近くのクリスチャンの幼稚園にお世話になった。幼稚園では「イエス様。アーメン」とお祈りしているが、家に帰ってくると家の教会のおつとめをしっかりやっている。日曜日には時間があると、キリスト教会の日曜学校に行っている。子供たちにとってはこれで何の抵抗もない。

「親神様がこの世をお創りくださって、おやさまも、イエスさまも、日蓮さまも、みんな親神様の子供なの。どなたさまとも仲良くしていくのよ。私たちは、おやさまによって親神様の教えを聞かせていただくところに生まれたのだから、朝夕のおつとめは、感謝とお礼を忘れずにいたしましょうね」と言い聞かせてきた。

さまざまな信仰心を持つ者が皆お互いを認め合い、仲良くしていくところに、争いや戦争は起きないのではないかと思うのだが……。

母の日礼拝やクリスマス礼拝などで、お話を聞く機会がある。子どもたちがお世話になっているのだからと、私も出席する。そんな席での園長先生のお話が今も心に残っている。温かく人を包み込むおおらかな人柄の方だった。登園時間になると玄関の前で園児一人ひとりに大きな手で握手して「おはよう、おはよう」と声をかけてくださる。

冬の寒いときに、好一さんと同じ厚手のカーディガンをプレゼントさせていただいた。お気に入りのご様子で、毎日お召しになっていらしたお姿が懐かしく思い出される。長い間お世話になったお茶の先生とともに、尊敬申し上げるお一人である。

お茶の先生は現在八十二歳。背筋をピンと伸ばして優しく穏やかにお話くださるお姿にホッとし、私自身が心穏やかになったものである。先生もおぢば帰りなさり、別席もお運びになられた。先生は六十歳のころ、大病をなさり、生命の危険もあると医師から宣告されたことがあった。私も病院へ日々通わせていただいた。ある時、先生は「目が覚めるとベッドの上で先祖代々の仏様、浅草の神様、そしてあなたの家の方角を向いて拝み終わると、シーツがくしゃくしゃになってしまって」と、さらに「夕方もそうなのよ」と笑顔でお話をしてくださった。いつも祈りと反省と笑顔を忘れない大好きな先生である。

好一さんと旅に出ても、どっちが西？どっちでもいいから床の間に向かって必ず朝夕のおつとめをする。どこに行っても神様はいてくださる。目に見えない空気を吸わせていただいていることが、神様の世界だと思っている。だから一人で泊まる今も、神殿の前でなくてもお礼を申し上げるおつとめをする。また近くの神社の前を通るときは、必ずお礼を申し上げて通る。

日々のお祈りのなかで、こんなお祈りもしている。数年前、北海道旅行の際、網走刑務所に立ち寄った。罪を犯した人たちが居る場所、ということで、なんとなく暗いイメージがあったが、新しく建物自体を明るく改装したとのことで、観光客も来ていた。展示されているものを見ていたら、古い天理教の雑誌「みちのとも」があった。収容されている人たちがどんな気持ちでこれを読んだのだろうか。

受刑者の人たちが製作した物品を販売しているコーナーがあったので、寄ってみた。するとそこに、前からうちのリビングのソファに欲しいと思っていた私のイメージにぴったりのクッションがあった。早速買い求め、送っていただいてリビングのソファに置いたら、わざわざ特注したのかと思うほどぴったり。

皮のパッチワークでできたすてきなものだ。私は早速網走刑務所に手紙を書いた。すばらしいクッションに出会えたことの喜びと、この品を作った人のことを思い、早く世の中のために尽くせるような人になっていただきたいと、祈っていることを伝えてほしい、と書いた。

網走刑務所で買い求めたパッチワークのクッション

また、わが教会のビルに入っている会社が倒産、その会社の名前を伺い、私の心をお供えして、早くまた会社が復興するようお祈りしている。

最近は、北朝鮮に拉致された横田めぐみさんのことも常に祈っている。一刻も早く返して、と訴えておられるご両親の姿を拝見するたび、胸が痛み、祈らずにはいられない。また毎日の報道のなかでいろいろな悲劇を見聞きするにつけ、私たちにできることは何だろうかと考える。いつも祈りを忘れずに。

感謝する心、慎みの心、助け合いの心、祈る心、お礼の心、すべてが自らを低いところに置いての心でなければならない。こうしたことを皆様に伝え知っていただかなくてはと痛切に感じている。

笑顔に勝る化粧なし

ある朝、目覚めとともにラジオのスイッチを入れた。治療のなかで、美容を取り入れ、患者さんにメーキャップをしてあげる病院の話を放送していた。あるとき、体の不自由な母親の世話をしている娘が母親と一緒に来院した。娘さんにメーキャップしてあげると、母親がうれしそうに見ていた。そこで次は母親にもメーキャップ。

今は顔のシワ・シミ取りや、やせる薬、器具、美容のための情報が氾濫している。確かにシワもシミも気になる。しかし年を重ね、知識や知性を高めた証しだからいいのではないかと考えることもできる。ひとさまに見てもらうのが仕事の芸能人やモデルさんではないのだから。時々ハッとするきれいな方にお目にかかることがある。とびきり美人というわけではないし、高価な装飾品を身につけているわけでもない。薄化粧でなにげない服装なのにである。

お化粧に高級品を使い時間もかけ、高価なブランドものの衣装を身にまとっているというのに心が満たされず、救われていないのが表に出てしまう。背伸びせず、分相応の品を身につけ、取り合わせを考えて着れば、心が満足していることが顔に表れるものである。喜ぶ心が笑顔になる。私も一生その勉強だ。

健康で五体満足な体を神様からお借りしているのだから、感謝感謝の心を忘れずに。

病院でメーキャップを受けられた母娘のお話を聞いたとき、娘さんが心から「お母様のお世話ができてありがたい」と思い、お母様は「娘がこんなに世話をしてくれるなんて私はなんて幸せなんだろう。ありがとう」とおっしゃる。その心が内面の美しさを表すのである。メーキャップし、心のケアをともにすれば、すばらしい親子になるのだと思った。

新聞を開いて目にとまった記事で、解剖学者・養老孟司先生の一節が心に残った。「教養とは知識の量ではなく、相手の気持ちがわかることだ。他人と共通の基盤に立って考える能力が教養である」。

学歴がなくとも、常に前進し、勉強し、人のことを思う心が備わったらすばらしい。それには自分自身の身の回りを整理整頓していつも心穏やかにいたいものである。

心の中に常に人の助かることを思い描いていれば、自分も喜べるのではないかと思う。

今から十五年ほど前のこと。ある信者さん宅の講社祭に行く途中、隣に座った六十代の品の良いご婦人が、電車を降りるとき、そっと私の手に何か書いた紙片を渡してくださった。見ると「我が横に座れる人の美しく　清らかな眸好もしきかな」。きっと私はまた人の幸福のことを考えていたのだろう。

六十歳のウエディングドレス

六十歳のとき、好一さんには内緒でウエディングドレスを着て、写真を撮ってもらった。昭和三十六年に結婚したときは、白無垢で振袖の色直し、写真は白黒だった。一度どうしてもウエディングドレスを着てみたいと思い。民生委員のお友だちの写真館に相談した。ＯＫとのこと。着てみると「後ろのファスナーがちょっと締まらないんだけど…」。でも写真は前だけだから、と無事希望がかなった。

ある日、町内の酒屋さんから「奥様の写真が原宿竹下通りの近くの写真屋さんに飾ってありましたよ。何回も何回も前を通って確かめましたが…」と言われた。「はい。ウエディングドレスを着てみたかったので、六十歳を記念して写したのよ」。

それから町内で評判になってしまい、町内誌に取り上げられたり、コメントを書いたりして、それを見た好一さんは早速見に行き、縦一メートル、横七〇センチほどの大きな写真。「笑顔がいいね」と言ってくださった。

五体満足の体を自由に使わせていただいている。そのことがしっかりと心に収まったなら、自然と笑顔が生まれるのではないだろうか。

60歳で初めて撮ったウエディングドレス姿

上からどんなに塗っても、シワを取ってもシミを抜いても、心に喜びがないと表面には美しさが表れないのではないか。心に喜びを持てば、自分だけでなく、病める人悩める人々に、少しでも親神様のご恩を伝えていける。人を助けてわが身も助けられる。その表れが、喜ぶ心、笑顔になるのだと思っている。

私の整理整頓の原点は、昭和十九年空襲激化のため、私たちが父の実家の信州へ疎開したときに遡る。祖父母とともにまだ二十歳前の叔母が私たちの世話をしてくれた。叔母は知識豊かで短歌などもたしなむ傍ら、卓球もするといった利発な人で、勉強に関しては特に厳しく、よく教えてもらった。いまでも百人一首ができるのは、六歳のときから叔母に教わったお陰だ。またよく手作りでかわいい洋服をリフォームして着せてくれた。

叔母は物事の手順がよく、部屋などはいつもきれいに片付けてある。私が叔母の傍でお手伝いをすると「みち子はよく手伝ってくれて助かるわ。片付けが上手だね」といつも褒めてくれた。

好一さんと結婚することが決まったとき、大勢の住み込みの人たちに囲まれて育った私が、商人の家庭に嫁いで行くことを心配した母が、知り合いの社長さんのお宅に半年間家事見習いに通うようにしてくれた。そこの奥様がとても片付け上手だった。お掃除にも厳しく、雑巾は床の間用、畳用、敷居用、ガラス用、雨のときの塀の泥拭き用などと、用途に応じて用意しておく。白い割烹着をつけてかいがいしく働いていらした奥様に教えていただいたことは、とても勉強になった。

今思うと、私が整理整頓をし、お掃除が上手にできるようになったのは、里の母、叔母、好一さんのお母様、社長さんの奥さんに培っていただいたものだと思う。

あとがき

結婚四十三年、私の片付け上手?を褒めてくれていた好一さんが、走り書きでもいいから本にしてみたら、と言っていたが、平成十六年二月、私を残して先立ってしまった。悲しんでばかりいては申し訳ないと思い、好一さんのために思いつくままに綴ってみた。

結婚したころは、私の整理整頓に無関心だった好一さんはいつの日にか、整理整頓、掃除を好むようになった。私はどちらかというと家庭的で、掃除、洗濯、お料理が大好き。きれいに片付いた部屋で、ひとときをロッキングチェアに腰掛け、フランス刺繡をしたり、本を読んだりしながら、すてきなカップで紅茶をいただく…というような優雅なときを夢見ていた。

ところが、二十二歳で商人の家庭に嫁ぎ、ご両親とともに子育てしながら、商人の妻としての生活が始まった。

明治生まれのお母様から初めにいただいた言葉は「好一には仕事に専念できるよう家庭のことは一切心配させないよう、しっかり家庭を守ること」その一言を守って好一さんのため一生懸命させていただこうと心に誓い、お母様に喜んでいただいた。

結婚した当初は十畳の客間に小さなお社が祭ってあり、第一日曜日に社員や親戚が集まって講社祭をさせていただいた。数年後、布教所に、昭和四十三年には教会に、といわれ、お父様の好三さんも好一さんも布教所までなら、と考えていたが、結局お父様を会長として原宿分教会が設立された。私は後継者の妻としての立場が与えられ、少しずつ、神様のお話を聞いていただく「匂いがけ」にと歩かせていただく日々を過ごした。お母様はお助けに専念され、家を守ることは私の務め。そのなかでも、常に合理的に家庭のことができないものかと模索しながら家具の配置を考えたりして楽しんだ。

ご両親から「子供は大勢いた方がよい。わしらは、子供が七人だが、少なくとも五人、男三人女二人を」と言われた。望みどおり男三人女二人の五人の子供も、それぞれに合ったパートナーに恵まれ、一人ひとりが自立の道を歩んでいる。男の子三人は社長、医者、役者と進路はバラエティーに富んでいる。八人の孫もそれぞれ個性豊かに育ってくれている。子育ても決して順調なときばかりとはいえなかったが、つまずきながらも何とかここまで来られたことに感謝している。

仕事第一人間の好一さんは、四十二年ごろから教会のビル、本社、支社、倉庫などなど自社ビルを十数棟建て、業界の仕事に全力投球だった。好一さんとともに私も会社のことが頭から離れない四十三年間だった。

好一さん亡きあと、今は会社の方は長男に任せ、毎日、朝のうちに手早く身づくろいし、大好きな掃除を済ませ、ご恩報じのために、また自分の楽しみのために尊い時間を大切に送っている。ロッキングチェアに腰掛けて優雅なひとときを持つことなどはできないが、今日の私があるのは、ご両親、里の両親、好一さんのお陰と、感謝の日々に明け暮れている。

今回、この拙文を綴るにあたって、浅学非才の私を励まし、陰で支えてくださった善本社の手塚容子さんはじめ多くの方々、また子育てをしながら私の希望の装画を描いてくださった甥のお嫁さんである矢野松枝さんに心から御礼申し上げます。

著　者

塩澤 道子（しおざわ・みちこ）

昭和 １４ 年　東京都文京区小石川に生まれる
昭和 ３６ 年　塩澤 好一と結婚
塩澤 好一［原宿分教会２代会長
㈱シオザワ２代社長
道の経営者の会初代会長
平成１６年出直し］
平成 １６ 年　原宿分教会３代会長就任
平成 ２０ 年　渋谷区上原へ移転
茶道正師範

毎日を快適に過ごしましょう

平成二十年四月十八日　発行
平成二十年四月　八日　印刷

著者　塩澤　道子
発行者　山本三四男
印刷所　平河工業社

〒101-0051
東京都千代田区神田神保町一―八
発行所　株式会社　善本社
TEL　０３―３２９４―５３１７
FAX　０３―３２９４―０２３２

落丁・乱丁本はお取り替えいたします

ISBN978-4-7939-0445-5